너의 사랑이 되어 줄게

감성으로 점을 찍어 사랑을 느끼고

이성으로 선을 그어 행복한 기억과

만나게 해 주고 싶다

너의 사랑이 되어 줄게

초판 1쇄 발행 2022년 1월 1일

지은이 김두룡
펴낸이 장현수
펴낸곳 메이킹북스
출판등록 제 2019-000010호

디자인 이설
편집 이설
교정 강인영
마케팅 김예지

주소 서울특별시 금천구 가산디지털1로 142, 312호
전화 02-2135-5086
팩스 02-2135-5087
이메일 making_books@naver.com
홈페이지 www.making_books.co.kr

ISBN 979-11-6791-067-7(03810)
값 12,000원

ⓒ 김두룡 2021 Printed in Korea

잘못된 책은 구입하신 곳에서 바꾸어 드립니다.
이 책의 전부 또는 일부 내용을 재사용하려면 사전에 저작권자와 펴낸곳의 동의를 받아야 합니다.

홈페이지 바로가기

메이킹북스는 저자님의 소중한 투고 원고를 기다립니다.
출간에 대한 관심이 있으신 분은 makingbooks@naver.com으로 보내 주세요.

꽃봉오리 열리는 날에 내 사랑도 피겠지

너의 사랑이 되어 줄게

김두룡 시집

그립지?
너의 사랑이 되어 줄게

고백 할래?
너의 시가 되어 줄 테니

메이킹북스

작가 소개

혜안 **김두룡**

성균관대학교 경영 대학에서 석사 및 박사 학위를 받았고, 성균관대학교 경영 대학 겸임 교수를 역임했다. 2012년 한국소비문화학회 우수 논문상을 수상했다. KB금융그룹에서 마케팅과 신사업 등 창의적인 업무를 맡아 미래 시장을 선도할 많은 금융 상품과 다양한 사업 모델을 개발했다.

2020년 열린동해문학 신인문학상을 수상하며 시인으로 등단했고, 2021년 열린동해문학 올해의 작가상을 수상했다. 현재 글로벌 평생 교육원 자문 교수로 인문학 및 경영학을 강의하며, 많은 사람들이 행복한 인생을 살 수 있도록 혜안을 주고 있다. 저서로는 인생을 행복하게 살기 위한 길잡이인 《생생 마케팅》 등이 있다.

시인의 말

아름다운 사랑을 만들어 주고
행복한 인생을 꽃피워 주는 시

지친 하루를 짊어지고
정처 없이 길을 걸어가다
하늘을 보면 하늘이고 싶고,
구름을 보면 구름이고 싶었다

바람 불어 봄이 오면 새싹이 돋아나고,
비 내리는 여름이면 꽃이 피고,
청명한 가을이면 단풍으로 물들어 가는
위대함을 보면서 자연에 빠지고 말았다

길모퉁이 달빛 그림자 길게 드리울 때
떠오르는 밝은 달을 보면 밝게 살고 싶었고
어두운 밤하늘에 빛나는 별을 보면
반짝이는 인생을 살고 싶었다

세상을 살다 잠시 서서

푸른 나무를 보면 젊어지고 싶고

예쁜 꽃을 보면 아름답고 싶었으며

꽃잎에 앉은 나비를 보면 사랑하고 싶었다

이렇듯 흘러가는 세월 속에

보이는 만큼만 느끼고

느끼는 만큼만 간직해 둔 것이

처마 끝에 빗물이 고이듯 한 권의 시집이 되었다

벽에 기댄 시곗바늘처럼

속절없이 흘러가는 세월 속에

인생길에서 상처와 슬픔을 가진 분들에게

자연에서 배운 사랑으로 조금이나마 위안을 주고

함께 울고, 함께 웃으며 함께 살아가고자 하는

평범한 독자들에게는 희망의 씨앗이 되어

사랑으로 가득한 행복한 꽃길을 걸어가길
조용히 기도하며 이 글을 바치고 싶다

시가 아니라도 좋고, 시인이 아니라도 좋다.
시 한 구절이 행복한 사랑과 인생을 만들기 위한 감성과 이성을 주고, 독자님께서 양념을 자유롭게 넣어 보다 맛있는 인생을 만들기를 기대해 본다

2022년 1월 1일

혜안 김두룡

목차

시인의 말　6

봄

봄소식	16	결혼기념일	40
주고 싶은 마음	17	인생	42
봄이 오거든	18	생일	43
4월의 시	20	비의 여운	44
꽃길	22	사랑하는 사람	45
자존감	23	꽃잎	46
유리창	24	그대라면	47
의미	25	꽃봉오리	48
민들레 홀씨	26	들꽃	49
용서	27	정원	50
계절 사랑	28	신비	51
주간 기도	30	고백	52
당신의 의미	32	이름 없는 들꽃	53
미련	33	봄	54
파수꾼	34	진달래	55
무지개	35	개나리	56
봄이 오는 길목	36	목련화	57
4월	37	봄의 감동	58
어머니 사랑	38	자존심	59
민들레	39	잠깐만이라도	60

여름

유리창에 비친 그대	64
시간	65
비로소	66
의미 있는 삶	68
동행	69
간절한 기도	70
미운 아침	72
난초	73
일출	74
작은 사랑	75
그런 사람이 좋다	76
부싯돌	77
속삭이는 사랑	78
저녁노을	79
내 안에 너	80
나팔꽃	81
보름달	82
그대가 있어서	83
달빛 사랑	84
소박한 꿈	85
비에 젖은 풀잎	86
잔상	87
사랑 꽃	88
설레는 만남	89
빈 술잔	90
다짐	91
청춘	92
사랑이 되어줄게	93
별	94
호랑나비	95
접시꽃	96
나이아가라 폭포	97
소망	98
푸른 파도	99
진정한 사랑	100
바람처럼	102
우산	103
폭포의 설움	104
빨간 장미	105
구름	106
구름 꽃	107
흔적	108

가을

가을 문턱	112
내 안에	113
맞벌이 부부의 애환	114
꽃나무	116
애원	117
가을 아침	118
거미줄	119
내가 너의 가을이 되어 줄게	120
직장 동료	122
밤하늘	124
빈자리	125
그 사람	126
임이여	127
혼자 하는 사랑	128
기대	130
들풀	131
혼자만이라도	132
마지막 부탁	134
커피 사랑	135
이름표	136
못다 한 사랑	138
가을 소식	140
내 가을로 남을게	141
텃밭	142
산자락	143
가을 산	144
자연	145
몸짓	146
가을이 남긴 추억	147
황금빛 가을	148
나의 별	149
기차 여행	150
몽상	151
어머니 미소	152
낙엽 지는 저녁	153
낙엽과 인생	154
비와 그리움	155
어머니 눈물	156
가을밤	157
마지막 이별	158
내 사랑	160
가을 밤바다	161
가을 꽃잎	162
커피 잔 속 그대	164
블랙홀	166

산 사랑	167		해후	170
가을이 오면	168		가을을 보내며	172

겨울

커피 한 잔	176		슬픈 낙엽	194
하루	177		그리운 어머니	195
가로등	178		그리운 어머니 2	196
비움	180		술잔	197
첫눈	182		소박한 삶	198
내 마음속 눈꽃	183		제야의 종소리	200
눈 내리는 날	184		달무리	202
그리움	185		부둣가	203
작은 행복	186		비움과 채움	204
초승달	187		밤바다	205
눈부처	188		시냇물	206
눈꽃	189		산	207
겨울 산행	190		어머니	208
밤바람	191		기억	210
설야	192		하루 사랑	211
술 한잔	193		하얀 눈꽃	212

봄

봄소식

강가에 버들강아지
봄기운을 뽐내려
부푼 입술을 내밀고

먼 바다 푸른 파도
봄이 올 거라고
고개 들어 외치는데

봄은 벌써
매화 밭에서
미소로 화답하네

주고 싶은 마음

내 마음이야
그냥 심어 둬!

꽃 피거든
그때 향기로 돌려줘!

내 사랑이야
그냥 담아 둬!

그립거든
그때 연락 줘!

너도 그럴래
나도 그럴게

봄이 오거든

봄이 오는 길목에
씨앗 하나 던져두고
봄 햇살에 꽃 피거든
그대 향기 담아
내게 보내 주세요

봄이 오는 시냇물에
풀잎 배 띄워 두고
봄바람 불거든
그대 마음 배에 실어
고이 보내 주세요

봄이 오는 언덕에
분홍빛 진달래 꽃잎
바람에 날리거든
그대 마음 적어
우체통에 넣어 주세요

너의 소식이

너무 궁금해

내 마음은 벌써 우체통 되어

기다리고 있으니

주소는 적지 마세요

4월의 시

4월이 오면
낙엽 속에 묻어둔 추억으로
우리 함께 꽃씨 뿌려요
태양보다 더 진한 색깔로
우리의 가슴속이 온통
빨간 사랑으로 피어나게

4월이 오면
들판에 피어나는 들꽃을 모아
우리 함께 꽃밭을 만들어요
향수보다 더 진한 향기로
삶에 지친 그대
영원히 머물 수 있게

4월이 오면
청포도보다
더 싱그러운 그리움으로

아름다운 오늘을 기억해요

풀잎에 맺힌 이슬보다

더 맑고 영롱한 사랑이 꽃필 수 있게

꽃길

바람 불어 흩날린
분홍빛 꽃잎 따라
사뿐히 걸어오세요

길가에 미소 지으며
활짝 피어 있는
꽃잎처럼 오세요

사뭇 설레던 봄날
당신 오시는 길
꽃비 되어 마중 갈게요

자존감

따가운 햇살이 곳곳에
퍼져 있는 날에도
심한 빗줄기가 내릴 때가 있듯

가슴에 품어온 이루고 싶은
깊은 소망들도 때로는
포기하고 싶을 때가 있죠

잠시 모든 것을 내려놓고
뒤돌아서서
내 그림자를 바라보며

잠시 마음을 비우고
하늘 한번 쳐다보면
모든 것들이 내 안에 있음을 알게 되죠

유리창

창가에 부딪혀
흩어지는
빗방울에
너의 모습이
비치고

창틀 사이로
파고드는
빗방울 소리에
너의 목소리
들려오니

빗물 흐르는
유리창은
설렘과 그리움이
피어 있는
사랑스런 꽃밭

의미

바람에 지는 꽃을
아쉬워하는 것은
아직 해야 할 사랑이
남아 있기 때문이고

멀리 있는 친구가
그리워지는 것은
나누어야 할 추억이
아직 남아 있기 때문이며

아침 햇살이
다시 떠오르길 기다리는 것은
불꽃같은 열정이
여전히 꿈틀거리고 있기 때문이다

민들레 홀씨

산들바람에
노란 꽃잎
하얗게 물들고

기다림에 부푼
하얀 꽃봉오리
홀씨 되어

그리움을
견디지 못해
떠나가야 한다면

먼 훗날
흔적이라도 느끼게
내 몫은 남겨두고 가야지

용서

미안해
라는 말 한마디 못해서
용서보다
더 깊어진 미움

괜찮아
라는 말 한마디 못해서
가슴에 박힌
쓰라린 상처

먼 훗날
오늘이 오면 그땐
미안해 괜찮아
토닥토닥 쓰다듬어 줄게

계절 사랑

황량한 벌판에
아지랑이 피어나는
따뜻한 봄날에
그리운 꽃 한 송이
피울 수 있도록
봄비 되어 안아주세요

햇살이 대지를
뜨겁게 달구는
무더운 여름날
기다림으로 목마름을
해소할 수 있게
신록 되어 감싸주세요

야산에 들꽃이 사라지고
산천이 오색으로
물들어 가는 가을날에

소중한 만남으로
열매 맺을 수 있게
햇살 되어 품어주세요

아름답던 잎새들마저
쓸쓸히 떠나가고
앙상한 가지에
하얀 눈으로 덮이는 날
우리의 사랑 얼지 않도록
입김 되어 녹여주세요

주간 기도

밤하늘 어둠 속을 헤매다
별을 기다리는 달(月)처럼
그리운 임을 기다리는
등불 되게 하시고

자신을 태워
세상을 밝히는 촛불(火)처럼
임을 위해 몸 바칠 수 있는
기회를 주소서

험난한 계곡을 거침없이
흘러가는 물(水)처럼
임 찾아 가는 길에
지치지 않는 힘을 주시고

흐르다 지치면
지친 나래 잠시 접어 두고

아름드리나무(木)밑에서

임 만날 수 있게 하소서

닦을수록 반짝반짝 빛나는

황금(金)처럼

가슴에 넣어 둔 그대가

내 마음에 보석으로 빛나게 하시고

끊임없이 펼쳐진

넓은 땅(土)이 수풀을 안아 주듯이

온 세상을 품을

넓고 뜨거운 가슴을 주시며

온종일 사랑을 하고도 아쉬워

저녁노을을 남기는 해(日)처럼

한 주간 그리워하고도

또 사랑할 수 있는 열정을 주소서

당신의 의미

꽃잎 피어날 때면
나는 눈을 뜰 수가 없습니다
꽃잎 속에 숨어 있는
당신 모습이 너무 눈부셔서

꽃망울 터질 때면
나는 숨을 쉴 수가 없습니다
꽃망울에 튕겨 나오는 당신의 향기에
가슴 터질 것 같아서

낙엽이 떨어질 때면
온몸이 쓰라려 옵니다
당신이 떠난 내 삶은
아무런 의미가 없어서

미련

좋아했지만
네 앞에만 서면
내가 너무 작아져서
좋아한다는
말 한마디
꺼내지 못했네

잊어버리자
다짐해 보지만
형형색색
꽃 피는 계절이라
마지막 미련의 불씨는
차마 끄지 못하겠네

파수꾼

기다림에 지친
하얀 민들레 하나,
홀씨 되어
그대에게 날아갑니다

그리움에 지친
솔잎 하나,
초록빛 향기 되어
그대 품에 안기어 봅니다

이대로 변함없이
오래도록 머물 수 있게
그대 사랑 지켜주는
파수꾼이 되렵니다

무지개

밤하늘에 반짝이는
가장 예쁜 별빛에
그대 향한 설렘을
그려 넣고

어둠을 밝히는
아름다운 달빛에
그대 향한 그리움을
새겨 넣었더니

다음 날 아침
내 마음에 너를 닮은
사랑의 무지개가
피어났습니다

봄이 오는 길목

길모퉁이 담장 밑은
아직도 차가운데
기다림에 가슴 조이며
굳게 다문 매화 입술에
봄바람 불어와 입맞춤하니
꽃잎들이 춤을 추고

한겨울 차가운 여정을
참아온 동백꽃 한 송이
깊은 한숨 꿀꺽 삼키며
붉은 꽃잎으로 미소 지으니
봄이 오는 길목은
신비롭고 아름답구나

4월

눈부시게 피어나는
꽃들이 마음을 설레게 하는
아름다운 봄날

푸른 하늘을 뚫어버릴 듯
목 놓아 절규하는 꽃잎들의 경쟁에
숨을 죽여야 하고

가슴 터지도록 밀려오는
새싹들의 함성으로
산천은 온통 초록으로 물들어 가니

신비롭고 향기로운
4월의 향연을 담기에는
내 가슴이 너무 작구나

어머니 사랑

아침 하늘을 보며
어머니를 불러봅니다
아쉬움에 가슴이 시려 옵니다

해 질 무렵
노을에 어머니 흔적을 새깁니다
그리움에 가슴이 아파옵니다

밤하늘에
어머니 사랑을 그려 봅니다
공간이 너무 부족했습니다

눈물이 앞을 가려
어머니 마음은
더 이상 그리지 못했습니다

민들레

담장 사이로 이는 바람에
동그랗게 빚어진 하얀 얼굴로
긴 장대 위에 홀로 서서
임을 기다리는 민들레

오시는 임
빨리 보고 싶어
고개 내밀다
꺾어질 듯 목은 늘어지고

바람에 날아간 홀씨
타인의 품에 안길까
가슴앓이로 하얗게
부푼 얼굴이 안쓰럽구나

떠나면 남이겠지만
날아간 홀씨 속에
사랑의 흔적이라도
남아 있기를 기도하련다

결혼기념일

봄비 속에 갓 피어난

파란 새싹처럼

수줍은 듯 연둣빛 얼굴로

서로 다른 두 사람이

처음으로 하나 된

행복한 오늘

늘 같은 곳을 바라보며

함께 걸어왔지만

고맙다는 말을 하지 못했습니다

그 말을 하기에는

당신의 고마움이

너무 컸나 봅니다

늘 사랑스러운 당신이지만

사랑한다는 말을

가슴에 가둬두고 꺼내지 못했습니다

그것만으로는

당신을 향한 내 사랑을

모두 표현할 수가 없었나 봅니다

인생

황량한 검은 사막에
욕심의 씨앗 하나 심자 하니
허무한 꽃이 필까 두렵고

차가운 황무지에
재물의 꽃 한 송이 피우자니
실망의 열매가 열릴까 걱정이네

무슨 씨앗을 심어도
피어난 꽃과 열매를 보고
후회할 거라면

차라리 빈 땅 남겨 두어야지
지나가는 나그네들
마음의 희망이라도 심을 수 있게

생일

뭉게구름 꿈틀거리며
태양을 밀어 올리듯
하늘은 소중한 그대를
세상 밖으로 밀어내었고

하늘이 바다를 만나
햇빛을 낳고
하늘이 어둠을 만나
달빛을 낳듯

사랑으로 품어 온
그대를 오늘에야 내놓으니
오늘만은 그대 세상
소중하고 가장 아름다운 날

비의 여운

이른 새벽
쏟아지는 빗방울이
내 가슴을 온통 외로움으로
적셔 놓고 떠나갔습니다

비 개인 아침
미소 머금은 햇살은
온통 내 마음을 그리움으로
갈아엎어 놓았습니다

갈아엎어진 고랑에
그대 사랑 심어 놓고
예쁜 꽃 한 송이 피어나길
손꼽아 기다리고 있습니다

사랑하는 사람

어두운 음지에서
조용히 숨어 있다
연둣빛 새싹처럼
가끔 마음에서 움트는 사람

해 질 무렵
피어나는 석양처럼
뽀얀 보조개 피우며
느닷없이 웃어주는 사람

깊은 밤
구름 사이로 깜빡이며
사랑스럽게 다가오는
별빛 같은 사람이 너였으면 좋겠다

꽃잎

초록빛 풀잎 사이로
발뒤꿈치 딛고 서서
고개 내미는
이름 모를 꽃 한 송이

몰래 햇살 훔쳐 화장하고
가냘픈 몸부림으로
바람결에 춤을 추는
꽃잎을 보니

나도 인간이라
가는 세월 잡아두고
잠시 꽃잎 위에 누워
풍류를 즐기고 싶구나

그대라면

무지갯빛보다
더 고운 빛깔을 가진
너의 잔상이 그립다

라일락꽃보다
더 진한 향기를 가진
너의 속마음을 품고 싶다

가슴에 담을수록 더 아픈
가시 돋친 장미꽃일지라도
그대라면 더 많이 담아두고 싶다

꽃봉오리

벌릴 듯
다문 입술
언제쯤 열릴까

쏟아낼 듯
부푼 가슴속에
그리움이 한가득

꽃봉오리
열리는 날에
내 사랑도 피겠지

들꽃

들판에 피어 있는
꽃 한 송이
많이 본 듯한데

홀로
들길 걷던 날
안아 주던 그 꽃

마음속에
들꽃으로
간직한 그 이름

그리워했는데
너도 나처럼
그리워했을까

정원

차가운 겨울날

정원에 앉아

사랑을

고백했습니다

그녀는

아무 말 없이

자리를

떠났습니다

봄이 오니

정원에서

그녀를 닮은

꽃 한 송이 피었습니다

그녀는

말 대신

마음을 심어 두고

떠나갔나 봅니다

신비

그대 마음은
어머니 품같이
넓고

그대 사랑은
바닷속같이
깊습니다

그래서
그대를 알면 알수록
빠져드나 봅니다

고백

꽃잎이 나비를 기다리듯

기다리는 것이

운명이라 할지라도

기다리지만은 않겠습니다

바람에 흔들리는 꽃잎처럼

그대 생각으로

온몸이 떨려 오면

억지로 참지 않겠습니다

마음에 등불을 켜고

눈빛에 믿음을 실어

그대 향한 사랑을

고백하겠습니다

이름 없는 들꽃

삶의 상처를 지우려
속세를 떠나려다
허허벌판에 머문 것을 보면
많이도 힘들었구나

험한 들판에 홀로 서서
세찬 바람에 많이 추웠을 텐데
꽃 한 송이 피우려고
무던히도 애를 썼구나

아무도 너의 이름을 불러 주지 않아
들꽃으로 살아가는 신세일지라도
인고의 세월을 견딘 너보다
더 아름다운 것이 어디에 있으랴

봄

산 너머 강촌에서
봄이 올 것 같아
창문을 열어 보니
아침 햇살이 몰래
봄을 두고 떠나갔네

서둘러 쟁기 하나 짊어지고
밭으로 나갔더니
따뜻한 봄바람이
얼어붙은 밭고랑을
갈아엎어 놓았네

갈아 놓은 텃밭에
씨앗 하나 뿌려놓고
쓸쓸히 돌아오는데
봄은 벌써 내 마음속에서
꽃을 피우고 있구나

진달래

움츠린 나뭇가지
봄바람에 놀라
꽃망울 터뜨리니

깊은 잠에 빠져 있는
산자락이
붉게 타오르고

지나가는 뭉게구름
빗방울로
진달래꽃 뿜어내니

비탈진 언덕은
한 폭의
병풍 같구나

개나리

개울가에 핀 개나리
먹이를 물어주는
어미 새를 기다리는 듯
노란 목젖 드러내며
경쟁하듯 꽃잎 벌리고

비탈진 언덕에
핀 개나리
수줍은 듯
풀잎 뒤에 숨어
노란 미소로 유혹하네

누구를 만나려고
노란 드레스 차려 입고
종종걸음 내딛으며
숨 가쁘게 달려가는지
너를 보러 여기 왔는데

목련화

슬픈 눈물 참으며
시집가는 새색시처럼
굳게 다문 꽃봉오리
더욱 슬퍼 보이고

세워진 잎새 위에서
하얀 긴소매 나풀대는
한 맺힌 살풀이춤은
이제 그만 멈추게

꽃봉오리 위에
층층이 쌓인 너의 슬픔
흔적 없이 사라지게
내가 안고 갈 테니

봄의 감동

눈망울에
다 넣어도
더 넣고 싶은
아름다운 꽃잎

가슴속에
다 품어도
더 품고 싶은
향기로운 풀 내음

봄은 항상
상상보다
더 깊은
감동으로 다가와서

봄은 언제나
기대보다
더 깊이
마음을 흔들어 놓네

자존심

하늘을 찌를 듯 도도하던
해바라기도
구름 앞에
고개 숙이고

하늘을 삼킬 듯한
화려한 벚꽃도
바람 앞에
속절없이 떨어지는데

보잘것없는
자존심 하나만으로
힘든 세상에서
버틸 수 있겠냐마는

그래도 술잔 부딪힐
친구 하나 있다면
술김에 한 번 더
살아볼 만하지 않겠나

잠깐만이라도

바람에 꽃잎 날리듯
삶의 굴레 잠시 벗어 두고
불어오는 바람 따라
내 마음 날려 보내면

그곳이 어디든
내 마음 머무는 곳이
잠깐만이라도
낙원이었으면 좋겠다

산자락에 구름 눕듯이
바쁜 일상 잠시 접어 두고
흘러가는 구름 위에
팔 베고 누우면

그곳이 어디든
내 마음 누운 곳이
잠깐만이라도
천국이었으면 좋겠다

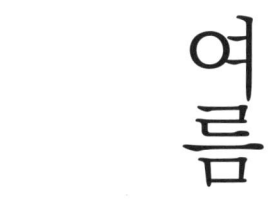

유리창에 비친 그대

비 내리는 아침
유리창에 빗물 맺히면
손가락 끝으로
그대 모습 그려본다

바람에
빗물 말라도
유리창에 그려진 그대 모습은
사라지지 않네

아~ 미처 몰랐네
그대 향한
가슴 시린 그리움이
유리창에 새겨진 것을

시간

바람 한 점 없이
고요한 날에도
시간은 지나간다

짙은 어둠마저
잠자는 밤에도
세월은 흘러간다

누가 밀어내는지
알지는 못하지만
혼자서 잘도 간다

지금 이 순간도
보내고 싶지 않지만
시간은 저만치 가고 있다

비로소

폭포는
떨어지고 나서야 비로소
아픔을 알았고

사랑은
헤어지고 나서야 비로소
외로움을 알았습니다

무지개는
사라지고 나서야 비로소
아름다움을 남기고

눈물은
흐르고 나서야 비로소
후회를 남깁니다

당신을
보내고 나서야 비로소
그리움을 알았고

시간은
지나고 나서야 비로소
소중함을 알았습니다

의미 있는 삶

우리가 바라던 삶은
비 개인 정원에 비치는
아침 햇살처럼
맑고 청명하지 않아도 됩니다

우리가 원했던 삶은
자신을 태워 불 밝히는 촛불처럼
녹아 없어지며 밝은 여운을
남기지 않아도 괜찮습니다

우리의 삶은
가진 것 없고, 기댈 곳 없어도
가슴에 사랑 하나 숨어 있다면
그것으로 충분한 의미가 있습니다

동행

길이 험할지라도
함께 갈 사람 하나 있다면
그 길을 걸어가 보고 싶다

가진 것 없어도 기뻐하며
마음 빌려줄 한 사람 있다면
텅 빈 내 가슴 열어주고 싶다

눈물로 밤을 지새울 때
위로의 말 한마디 들을 수 있다면
지금 바로 그곳으로 떠나고 싶다

그곳이
그대 마음속이라면
오래도록 머물고 싶다

간절한 기도

메마른 대지에
떨어진 꽃씨 봄비 만나
새싹 피우듯
기다리던 만남
이루어지게 하시고

텅 빈 길모퉁이에
외로운 동백꽃
햇살 품고 빨갛게 피어나듯
그대 품은 내 가슴에
꽃향기 피어나게 하소서

별빛이 다가와
유리창을 가득 채우듯
내 마음에 그대 향한
소중한 그리움
충만하게 하시고

달빛이 내려앉아

호수 속을 깊숙이 밝히듯

그대 향한 사랑

내 마음에

눈부처로 남아 있게 하소서

미운 아침

별빛마저 잠든 밤
네 생각에 뒤척이다
아침 햇살이 창문 두드리는
소리에 잠을 깬다

지난밤 꿈속
너와 함께한
아름다운 여정은
너무 달콤하고 좋아서

영원히 밤이기를
기대하고 있었는데
오늘따라 아침은
왜 이리 빨리 오는지

난초

간밤에 난초가
생각지도 못한
꽃을 피웠네

늘 초록 잎새로 있어
조바심으로
바라보았는데

가슴속에
따뜻한 사랑을
품고 있었구나

내 마음속에도
따뜻한 사랑
품고 있는데

일출

하루 만에
떠날 거라면
사랑한다고 말하지 말아요
내 마음에
상처는 어떡하라고

밤이 되면
식을 거라면
안아주지 말아요
너에게 타 버린
내 사랑은 어찌하라고

작은 사랑

보슬보슬 내리는

가랑비 같은 그대 눈빛은

내 가슴에

소나기를 뿌려놓고

떠나가고

바람결에 날리는

먼지 같은 그대 그리움이

내 마음에

바위 하나 던져두고

사라지네

그대 그리움은

갑자기 다가와서

피할 수 없고

그대 사랑은 무거워서

옮길 수가 없구나

그런 사람이 좋다

물어보지 않아도
솔잎 사이로
스쳐가는 바람처럼
속삭여 주는 사람
그런 사람을 보고 싶다

만지지 않아도
손끝으로 다가와
진한 향기를 터뜨려 주는
라일락 같은 사람
그런 사람을 만나고 싶다

자주 보지 않아도
혀끝에서 달콤함이
묻어나는
인동초 같은 사람
그런 사람을 사랑하고 싶다

부싯돌

햇살 한 가닥에
어둠이 밀려가듯
미소 한 가닥에
내 마음은 부서지고

예쁜 그대 눈빛
빈 술잔에 담아
사모하는 마음으로
깊이 마시고 나니

가슴속 그리움이
부싯돌 되어
온몸 구석구석
사랑이 불타오르네

속삭이는 사랑

나뭇가지에
떨어지는 빗방울
하나하나에 사연을 담아
가슴에 새기니
정답게 빗속을 거닐던
그날이 생각나
가슴을 닫아야 했고

나뭇잎에 떨어지는
빗방울마다
그리움을 새겨
마음에 담으니
눈물로 사랑을 속삭이던
그날이 떠올라
눈을 감아 버렸다

저녁노을

해질 무렵
하늘과 땅이 입맞춤하니
굳게 다문 입술 끝에
저녁노을이 물들고

달빛 삼킨 어둠이
그리움을 토해내니
온통 밤하늘이
별빛으로 출렁이네

출렁이는 밤하늘에
돛단배 하나 띄워 놓고
쓸쓸히 그대를 기다리는데
임은 오지 않고 달빛만 타고 있네

내 안에 너

해가 저문 지
오래되었는데
내 심장은 왜 이리 뜨겁지

밤이 되고 나서야 알았네
내 안에 너에 대한 그리움이
불타고 있는 것을

어둠이 내린 지
한참이 지났는데
내 마음은 왜 이리 밝지

달이 지고 나서야 알았네
내 안에 너에 대한 사랑이
빛나고 있는 것을

나팔꽃

그리워 보고 싶고
사랑해서 품고 싶어도
밤새 말 못하고
답답한 가슴으로 기다리다
보랏빛으로 멍들어 버린
나팔꽃 한 송이

이른 아침 햇살 만나
담장에 턱 고이고
임 볼까 애태우며
고개를 내밀어 보니
임은 간 곳이 없고
쓸쓸히 바람만 불고 있네

보름달

달아 보름달아
내가 바라보는 너는
충만하기 그지없는데
너를 바라본 나는
초라하기 짝이 없구나

둥실둥실 둥근 달아
네가 지나간 자리에는
별빛으로 채워지는데
내가 살아온 자리에는
외로움만 가득하구나

뉘엿뉘엿 지는 달아
얼마나 더 외롭고 괴로워야
내 마음 너와 같이
밝은 미소 가득 채울 수 있는지
말은 해 주고 가야지

그대가 있어서

그대였기에
책갈피에 끼워 놓은
예쁜 추억을 그리워했고

그대이기에
해가 품은 달처럼
만남을 간절히 기다렸으며

그대가 있기에
보랏빛 머그잔에 담긴 커피 향처럼
인생이 향기로웠습니다

달빛 사랑

어둠을 타고
산더미처럼 밀려오던
성난 파도가
예쁜 달빛에 반해
하얗게 부서지지만

서쪽 하늘에
달빛 사라지면
바다는 그리움에
또 성난 모습으로
무섭게 출렁이겠지

소박한 꿈

멀어져 가는
저녁노을을 바라보는데
어머니가 물었다
커서 무엇이 되고 싶냐고
모든 것을 주고도 하나 더 주시는
엄마가 되고 싶다 했다

어두운 밤하늘
별을 바라보는데
친구가 물었다
어떻게 살고 싶냐고
네 마음에 별이 되어
영원히 함께 살고 싶다 했다

비에 젖은 풀잎

빗물이 대지에
흠뻑 젖어 드는데
내 마음이 천근만근
무거워지는 것은
그리움이
쌓여 가기 때문이고

비 갠 뒤 풀잎이
빗물을 털어 내는데
내 가슴 구석구석
아파 오는 것은
마음속에 있는 당신을
떠나보내기 싫기 때문입니다

잔상

하늘에 떠도는
조각구름이
태양을 삼키듯

눈가에 맺혀진
희미한 그대 잔상이
내 마음을 빼앗아 가고

고요한 파도가
바람에 밀려와
모래밭을 울려 놓고 가듯

그대 그리움이
날개 없이 날라 와
내 마음을 울려 놓고 가네

사랑 꽃

이슬방울 하나
풀잎에 닿으면
아침이 열리듯
그대 모습
내 눈망울에 닿으니
행복이 열리고

빗방울 하나
나뭇잎에 닿으면
예쁜 꽃잎 하나 피어나듯
그대 마음
내 마음에 닿으니
그리운 사랑 꽃이 피어나네

설레는 만남

풀잎에 맺힌 영롱한 이슬 같은
너의 눈망울은
내 마음에 예쁘게 피어날
꽃씨 하나 심어주고

양지바른 모퉁이에
연분홍 꽃잎 같은 너의 볼은
어두운 내 가슴에
등불 하나 밝혀주네

가로등 불빛 같은
너의 손끝이
어두운 먼바다
등대 되어 나를 부르니

밤하늘을 밝히는 달빛 같은
너의 모습이
짙은 그리움으로
텅 빈 내 가슴을 채우네

빈 술잔

손끝에 쥐어진 빈 잔 하나
지나온 세월을 채워도
여전히 텅 빈
인생 술잔

긴 한숨을
채워 마시면
눈망울에 슬픔만 남아
회한만이 커져 가고

밝은 미소를
채워 마시면
몸과 마음이 즐거워
행복이 피어나지만

인생이 빈 잔이라
오늘도 채우지 못한 채
빈 술잔만 손에 들고
석양 앞에 서 있네

다짐

나뭇가지 잘라낸 자리에
뿜어 나오는 송정처럼
아픈 흔적이
슬프게 하여도
눈꽃 속에
푸르름을 지키는
솔잎처럼 울지 않으리

맑은 날 내리는 소나기처럼
뜻하지 않은 소식이
힘들게 할지라도
차가운 얼음 아래
흐르는 시냇물처럼
인생길을
얼게 하지는 않으리

청춘

바람이 불어

낙엽을 다 쓸어간다 해도

낙엽에 새겨 놓은

추억은 지울 수 없듯

소나기가 내려

산천을 다 씻어낸다 해도

가슴에 사무친

그리움은 잊을 수가 없구나

구름이 흘러

하늘을 다 가린다 해도

뜨거운 태양은

사라지지 않듯

예쁜 화장으로

청춘을 돌려 보려 애를 써도

흘러가는 세월은

막을 수가 없구나

사랑이 되어줄게

혼자 바라보는 것은
사랑이 아니라
둘이 함께
서로 바라보는 것이
사랑이라

내 눈 안에
네 모습 새겨질 때까지
너만 바라볼게

혼자 좋아하는 것은
사랑이 아니라
둘이 함께 좋아하며
서로 그리워하는 것이
사랑이라

네 마음속 기억과
영원히 만날 수 있도록
너의 사랑이 되어 줄게

별

어두운 밤 홀로 앉아
밤하늘을 바라봅니다

홀로 반짝이는 별에는
외로움이 숨어 있고

마주보고 반짝이는 별에는
그리움이 숨어 있습니다

오늘도 바람 부는 강가에
홀로 앉아 별을 바라봅니다

수많은 별 중에
미소 짓는 별을 찾습니다

내가 사랑했던 사람은
미소가 너무 아름다웠으니까

호랑나비

부드러운 꽃잎 속에
온몸 담그고 숨어 있다
살며시 날아오르는
호랑나비

우아한 날개 속에
보일 듯 말듯
고이 숨겨 둔
사랑 한 줌

그리운 임 만나면
사뿐히 날아올라
나풀나풀 날갯짓으로
뿌려 주겠지

접시꽃

높이 올라가면
그리운 임 볼 것 같아
하늘로 올라가니
임은 보이지 않고
별들만 가득하고

수많은 별 중에
예쁜 별이 있어
그리움으로 바라보다
별을 닮아 버린
가엾은 접시꽃

내가 닮아 버린 별아
빛만 주지 말고
마음도 주게나
그래야 너를 닮지
내 사랑같이

나이아가라 폭포

속절없이 흘러간 세월이 아쉬워

뭉쳐진 아픈 상처를 잊으려

토론토 '나이아가라' 폭포 앞에 서니

폭포의 절규에 온몸이 녹아

아픈 상처가 흔적 없이 사라지고

유유히 흐르던 강물이

갑자기 떨어지며

번개도 없이 천둥소리 울리니

가슴속에 박혀 있던 응어리들이

하얀 물안개 되어 부서지니

떨어지는 물줄기에 저항하며

토해 내는 포효와

용솟음치는 폭포의 장엄함이

상처받은 사람에게 용기를 주는

자연이 빚어낸 마지막 선물같구나

소망

보고 싶다고
말하고 싶어요
기다리는 마음
너무 아파서

사랑한다고
말하고 싶어요
그리운 마음
너무 애처로워서

하고 싶은 말
가슴속에 남겨 둘 수가 없어요
더 이상 참기에는
가슴이 터질 것만 같아요

푸른 파도

바다 멀리 수평선이

하늘과 입 맞추니

놀란 푸른 물결

사방으로 흩어지고

바람 따라 밀려오는

잔잔한 파도 속에

기다리던 임 모습

보일 듯한데

임은 오지 않고

하얀 물거품만 다가와

모래밭 속살만 그리움으로

적셔 놓고 말없이 떠나가네

진정한 사랑

시들면 떨어지는
꽃잎 같은 사랑은
하지 않겠습니다

바람 불면 날아가 버리는
홀씨 같은 사랑도
하지 않겠습니다

매일 아침 변함없이 떠오르는
햇살 같은 사랑을
하고 싶습니다

바람 불면
떨어지는 낙엽 같은
사랑은 하지 않겠습니다

아침이면 말없이 떠나버리는

이슬 같은 사랑도

하지 않겠습니다

매일 밤 은은하게 떠오르는

달빛 같은 사랑을

하고 싶습니다

바람처럼

보고 싶을 땐

물처럼 흘러가자

가다 보면

바다에서 만나겠지

그리울 땐

바람처럼 불어 가자

불다 보면 내 마음에도

사랑 꽃 하나는 피겠지

우산

비를 맞으며
쓸쓸히 걸어가는
그대에게
우산이 되어 주고 싶다

가로등도 눈감아주는
우산 속 둘만의
포근한 사랑은
늘 설레고 기다려진다

오늘도
맑은 하늘을 원망하며
그리움으로
비가 오기를 기다린다

폭포의 설움

흘러온 세월 속에
쌓인 아픔을 잊으려
낭떠러지로 몸을 던져

산산조각 부서지면서도
추억이 그리운 듯
하얀 물보라로 다시 피어나고

그리움이 너무 아파
유언도 남기지 않은 채
떨어진 물방울이

태연하게 다시 만나
유유히 흐르는 모습은
한 편의 서사시 같구나

빨간 장미

떠나가는 석양을 보고도
말 못하고 애만 태워
붉게 타 버린 빨간 장미

세월 가면 떠날 줄 알면서도
미련 없이 가슴속
향기를 주었건만

무심하게 가 버린 햇살에
붉은 꽃잎 가시 되어
가슴 곳곳에 솟아나니

길 가는 나그네여
가시 달린 꽃이라고 멀리하지 말게
속마음은 따뜻하기 그지없으니

구름

대지에 입 맞출 듯
고개 숙인 뭉게구름

슬픔을 쏟아낼 듯
눈물 머금은 조각구름

한바탕 몸부림치며
빗물을 토하고 난 후

뜨거운 아침 햇살
조용히 불러 와서

지난날의 슬픈 얘기
속삭이며 사라지네

구름 꽃

푸른 하늘에
피어 난
하얀 꽃무리

어디가 줄기이고
어디가 꽃잎인지
알 수 없지만

떨어지지 않고
모락모락
퍼져 가는 모습이

내 마음에
피어나는
그리움 같구나

구름아!
너는 알겠네
그리워 아픈 내 마음을

흔적

예쁜 꽃잎들이
떠나간 빈자리를
초록 잎새들이
다투어 차지하고

화려했던 단풍잎이
떨어진 빈자리를
겨울 눈꽃들이
겹겹이 앉아 있네

예쁜 꽃잎도
화려한 단풍잎도
한 점의 바람에
사라져 가는데

먼 훗날에

발버둥친 오늘 흔적은

고스란히

남아 있을까

가을

가을 문턱

아침 햇살은
푸른 잎새 끝을 삼키며
단풍잎을 토해내고

강촌에서 불어오는
가냘픈 바람은
가을 향기를 물고 오니

가을 문턱에 걸터앉아
쓸쓸한 내 마음에
가을 추억 한 폭 그려 볼까나

내 안에

눈을 감아도
그대는 보이고
문이 굳게 잠기어도
당신은 내 안으로
들어옵니다

세월이 흐르고
계절이 바뀌어
떠난 것 같았는데
당신은 아직
내 안에 있습니다

맞벌이 부부의 애환

어둠도 깨어나지 못하는
고단한 새벽
문틈으로 파고드는 차가운 외풍에
잠을 깨어 보니
일터로 떠난 당신 자리엔
안쓰러움만 가득하고

아침 햇살 창틀에 걸터앉아
출근을 재촉하여
외로운 밥상 앞에 앉아 보지만
시루 속 콩나물처럼 지하철에서
외발로 간신히 서 있을 당신 생각에
오늘도 미안함을 삼킨 채 집을 나선다

달리는 차창 너머로
헐어진 가방 메고 고개 숙인 채
집을 나서는 아이들 그림자 드리우면

애써 지우려 눈을 감아 보지만

더 깊이 파고드는 쓰라린 가슴에는

어느덧 애잔한 눈물만 고이네

여보 미안하오, 맞벌이 인생

고달프게 살아가는 힘든 고통도

눈물 속에 묻어 있는 깊은 아픔도

하나하나 실에 꿰어 사랑으로 심다 보면

시곗바늘 넘어가듯 세월이 흐른 오늘

웃음꽃 한 송이 피지 않겠는가

꽃나무

꽃잎이 떠나가고
잎새마저 떠나가도
늘 그 자리에 있는 나무처럼

한순간 미워서
마음이 떠날지라도
미움일랑 지우지 말게

가끔은
미움이라도 있어야
기억할 수 있을 것 같아서

미움이 사라지거든
다시 망설이지 말고 오게
그때까지는 기다릴게

애원

좋아하냐고
묻지 말아요
온종일
너 생각뿐이니

사랑하냐고
묻지 말아요
이미 내 안에
너가 있으니

언제까지 사랑할 건지
묻지도 말아요
이미 오래전
네 그림자 되었으니

가을 아침

어제는
물들어 가는 단풍잎이
내 마음을
설레게 하고

오늘은
바람에 떨어지는 낙엽이
인생의 허무함을
남겨 두고 가니

변해 가는
가을의 아름다움이
잔상으로 남아
너의 곁을 떠나지 못하네

거미줄

밤새 그리움에

가슴앓이하여

온몸으로 만들어 놓은

거미줄에

겨우 낙엽 하나

걸렸는데

보고 싶어

몇 날을 지새운다고 해서

사랑이 이루어질 것이라

착각 말게나

사랑이란 걸리는 것이 아니라

서로 마음을 걸어가는 것

내가 너의 가을이 되어 줄게

황금빛 물결치는

들판이 눈망울을 삼키고

붉은 빛 넘실거리는

산천이 마음을 파고들 때

향기로운 가을 향기로

예쁜 추억 하나 만들 수 있게

너의 가슴에 조심스레

가을로 다가갈게

오색 빛 아름다움이

갈색으로 바래고

떠나야 하는 운명이 서러워

낙엽이 몸부림칠 때

사랑했던 순간만은

영원히 간직할 수 있게

내가 너의 가을이

되어 줄게

직장 동료

여보게 김 과장
고개 한번 들게나
시간을 짊어지고
뚜벅뚜벅 걸어가는 모습이 기특하지만
자네가 쫓는 시간도
깊은 숨 한 번 토해 낼
여유는 주어야 하지 않겠는가

여보게 박 과장
눈길 한번 주게나
등불에 비친
불타는 열정이
뜨겁기는 하지만
자네를 비추는 등불도
바람 한번 쐬어야 하지 않겠는가

여보게 시간 되면

퇴근길에 막걸리 한잔 하게나

희미해진 등불을 달빛이 위로하듯

지친 마음을

술잔에 부어 한 잔씩 마시다 보면

고통도 술에 녹아

즐거운 추억 되지 않겠나

밤하늘

혼자 보는
밤하늘은
처마 끝 등불처럼
아무런 의미가 없어요

둘이 보는
밤하늘에는
한 편의 동화처럼
아름다운 사랑이 보여요

당신이 떠난 뒤
밤하늘은
달도 별도 미워서
하늘을 보기 싫어요

빈자리

바람이
지나간 빈자리는
은은한 꽃향기가 메우고

어둠이
사라진 빈자리는
따사로운 햇살이 채우는데

그대가
떠나간 빈자리는
가슴 시린 그리움만 넘치네

그대여
떠날 때
마음 하나쯤은 두고 가야지

그 사람

낙엽이 떨어지면
생각하지 않으려 해도
생각나는 얼굴이
있습니다

바람이 불면
느끼지 않으려 해도
느껴지는 향기가
있습니다

그 사람이
바로 당신입니다
바람 불어 낙엽 떨어지면
더욱 더 당신이 그리워집니다

임이여

보고 싶은 임이여

해가 지거든

어둠의 벽을 뚫고

달빛으로 다가와

내 눈망울에

그대 그림자 남겨두고

가로등 불 켜지기 전에

내 마음을 가져가오

그리운 임이시여

달이 지거든

구름을 뚫고

햇살로 다가와

내 텅 빈 가슴에

그대 흔적 남겨 두고

풀잎에 이슬 마르기 전에

내 사랑을 가져가오

혼자 하는 사랑

들판에 홀로 선 갈대
바람에 못 견디듯
혼자 있는 시간은
너무 힘들어
당신이 필요해

고요한 바다 위를
돛단배 하나 흘러가듯
혼자 가는 인생길은
너무 외로워
함께 있어줘

달빛 없는 밤하늘에
흘러가는 구름처럼
혼자 가는 밤길은
너무 무서워
내 곁에 있어줘

맑은 하늘에

비가 내리듯

혼자 하는 사랑은

이유 없이 자꾸 눈물이 나

너의 사랑이 필요해

기대

먼 수평선 노을로
물들어 가듯
내 너에게
그리움으로
물들게 해주고

하늘이 구름을 품으면
비가 내리듯
나 그대를 품을 테니
너의 따뜻한 사랑
흘러내리게 해 다오

들풀

바람 불면
그대 향기 느끼고 싶어
푸른 언덕에
홀로 서서 기다리는
들풀이고 싶다

비가 오면
그대 모습 품고 싶어
떨어지는 빗방울을
감싸주는
들꽃이고 싶다

혼자만이라도

잊으려 애쓰지 않을래요
잊으려 해도
잊혀지지 않고
지우려 애쓰지 않을래요
지우려 해도
지워지지 않을 테니까

밤길을 거닐다
당신이 보고 싶으면
가던 길 멈추고
눈을 감아 볼래요
눈 안에 맺힌 당신 모습
보일 수도 있으니까

인생길을 걷다가

당신이 그리울 때

내 가슴속을

두드려 볼래요

혼자만이라도 그대 사랑을

느낄 수 있으니까

마지막 부탁

떠나지 마
정녕 떠나야 한다면
달빛 되어 줄 수 있겠니
밤마다 너를 볼 수 있게

포기하지 마
네 삶이 힘들어도
네 마음에 구름 걷힐 때까지
참고 기다릴게

눈물 보이지 마
그 눈물에
우리 사랑
지워지면 너무 아프니까

커피 사랑

커피 잔에
외로움 한 스푼을
넣어 마시면
쓴맛이 나고

커피 잔에
그리움 한 스푼을
넣어 마시면
신맛이 나는데

커피 잔에
사랑 한 스푼을
넣어 마시면
달콤한 맛이 나네

이름표

밤하늘에 반짝이는
별빛을 따서
지나간 인생을 그리다
서러움에 눈물이 나
마지막 장면을 그리지 못하고
잠이 들었습니다

이른 아침 햇살이
창살 두드리는 소리에 눈을 뜨니
언덕 너머 산자락에
푸른 잎새는 붉게 물들어 가고
서쪽 하늘 구름은
산봉우리를 넘어가고 있었습니다

그렇게 구름에 끌려가고
바람에 밀려가다
어느덧 지나간 세월은

나에게 중년이라는

이름표 하나를

달아 주었습니다

긴 한숨 들이켜

가슴 구석구석에 맺힌

지난날의 응어리 털어내고

다시 젊음으로

마음만이라도 되돌릴 수 있다면

중년이라는 이름표는 떼고 싶습니다

못다 한 사랑

어둠 속 창문을 두드리는
빗방울 소리에
잠을 깨어 창밖을
내다보는 것은
기다리는 사람이 있기 때문이고

새벽녘 창가를 지나가는
고요한 달빛에도
깜짝 놀라 일어나서
하늘을 쳐다보는 것은
아직도 놓지 못하는 사랑이 있기 때문이다

바람에 흔들리는
갈대를 보며
마음을 잡지 못하는 것은
떠나간 사람에 대한
미련이 있기 때문이고

해질 무렵

노을을 보며

마음이 아려 오는 것은

보내기 싫은 사랑이

남아 있기 때문이다

가을 소식

길가에 엉켜진
물들어가는 풀잎에서
향기로운
가을이 묻어옵니다

풀잎 사이로
스며 나오는
선선한 바람이
가을 향기를 몰고 옵니다

풀잎과 바람
함께 어우러져
가을의 향연이
시작되나 봅니다

내 가을로 남을게

초가을
양지바른 계곡에
푸른 잎새 하나
햇살 한 모금
입에 물고
오색 치마
휘날리며
온 산천을 거닐다

늦가을
찬바람에
떨어지는 낙엽 위에
갈색 사연 하나
남겨두면
거센 눈보라 따라
겨울로 가는 당신에게
내 가을로 남아 줄게

텃밭

텃밭에

고구마를 심었습니다

가을이 되어

고구마를 캐기로 했습니다

줄기 끝을 당길 때마다

햇살에 토실토실 여문

고구마가 주렁주렁

딸려 나옵니다

텃밭에

그리움을

심었습니다

줄기를 당기지도 않았는데도

사랑이 주렁주렁

딸려 나옵니다

나도 몰래 당신의 마음을

내 사랑이 당기고 있었나 봅니다

산자락

밤새 무슨 그리움에
이토록 가슴 적시며 울어
이른 아침
산자락은 슬픈 안개
가득 고여 있는가

지난날 무슨 사연에
깊은 한 사무치어
잎새 끝자락은
밤새도록 흘린 눈물
아직도 닦지 못하고 있는가

가을 산

따사로운 가을 햇살
옹기종기 모여 앉아

싱그러운 푸른 잎새
눈빛으로 유혹하니

수줍은 듯 흥분하여
붉은 빛깔 토해내고

계곡 속에 숨은 바람
버들피리 불어대니

산자락에 걸린 구름
아쉬운 듯 눈물짓고

산봉우리 나뭇가지
푸른 잎새 물들이네

자연

꽃잎이 지고 나면
녹음이 우거지고
낙엽이 지고 나면
열매가 익어가니
자연은 풍류가 이어지는
아름다운 궁전

잔잔한 호수는
별빛을 담아내고
깊은 계곡은
지친 바람을 안아 주니
자연은 마음의 평화를 주는
포근한 어머니 품

몸짓

고요한 날
들판에 홀로 선
갈대의 흔들림은
외로움의 몸부림이고

아침 이슬에
풀잎 휘어짐은
기다림 끝에 불러 보는
간절한 손짓입니다

바람결에
풀잎 스치는 소리는
그리움에 불러 보는
애절한 목소리이고

밤하늘 어둠 속
떨어지는 유성 빛은
그대 사랑에 불타는
절박한 몸짓입니다

가을이 남긴 추억

따사로운
가을 햇살이
그리워지는 겨울 문턱

앙상하게 남은
나뭇가지에
찬바람이 스치니

떨어지는
낙엽 따라
가을은 떠나가지만

이른 아침
내게 와준 낙엽 하나
잃어버린 추억을 불러주니

늘 가슴속으로 그리워했던
가을 추억이
더 이상 몽환은 아니구나

황금빛 가을

깊은 계곡에
뜨거운 햇살 드리우니
실개천 따라 길게 늘어진
나뭇잎들이 물들어 가고

돌보 아래 고인 물에
단풍잎 뛰어드니
맑은 물도 놀란 듯
붉게 물들어 가네

길가에 손잡고 늘어선
무심한 은행잎
서둘러 노랗게
물들어 가니

황금빛으로 물결치는
은행나무를 바라보는
하늘도 놀란 듯
높이 도망가네

나의 별

어둠이 하늘을 삼키면
저항하듯 빛을 쏟아 내며
시위하는 수많은 별 중에
날 닮은 별을 찾아
오늘도 밤하늘을 바라본다

밤이 깊을수록
번뇌는 깊어가고
별을 바라볼수록
심신이 혼란스러워
무작정 별을 가슴에 담는다

고통만 주고 말없이 떠나간
풀지 못한
인생의 의미를 찾아
내일도 별을 따라
어두운 밤하늘을 걸어가련다

기차 여행

기차가 하늘을 가르며 달린다
차창 너머로
나무들이 쓰러진다

쓰러지는 나무를
잡으려는 듯
산새들도 서둘러 날아간다

기차가 바람을 가르며 달린다
창문 너머로
삶의 여정들이 지나간다

지나가는 여정들이
그리운 듯
인생의 그림자도 따라간다

몽상

깊은 밤하늘에
밝은 불 하나 피우며
펼쳐내는 상상의 날갯짓으로
내 몸속으로 들어와
구석구석 헤집어 놓고
사라지는 꿈

머어언 과거에
잊었던 순간들을
붓도 없이 그리다가
마침표를 찍지 못해
몽상만 남겨둔 채
눈을 뜨고 말았네

어머니 미소

떨어지는 낙엽을 보았습니다
집 떠나는 자식을 바라보며
싸리문에 기대어
두 손 흔들며
손끝으로 훔치시던
눈물 속에 숨어 있는
어머니의 사랑이 보입니다

저녁노을을 보았습니다
어머니 생각에
쏟아지는 눈물을
더 이상 감당할 수가 없어
가슴을 닫습니다
마음속에 간직한 어머니를
이제는 보내지 못합니다

낙엽 지는 저녁

바다에서 불어오는
한 떨기 바람이
나뭇가지에 걸터앉으니
단풍잎 쑥스러운 듯
자리를 떠나고

강에서 불어오는
한 줄기 바람이
나뭇잎에 입맞춤하니
낙엽들이 부끄러운 듯
산산이 흩어지네

바람아
낙엽들을 데리고
겨울로 가기 전에
내 마음에 가을은
남겨 두고 가야지

낙엽과 인생

쓸쓸함에
가슴 시리어
밤하늘을 보니
별빛 속에 홀로 있는
달빛이 더 쓸쓸하고

인생이
고달파서
가로수길 걸어 보니
떨어지는 낙엽이
더 아파 보이네

세상에
아프지 않는 것이
어디 있으랴
아픔은 내가 만든
마음의 그림자인 것을

비와 그리움

유리창에 빗물이 흘러내리니
그대 향한 설렘이
내 가슴속에도
흘러내립니다

꽃잎에 빗물 스며드니
그대 향한 그리움이
내 마음속에도
스며듭니다

빗방울이 잎새에 부딪혀
튀어 오르니
그대 향한 사랑이
내 심장에서 튀어 오릅니다

비로 인해 맺은 인연
마음속에 오래 머물게
이 비 그치지 않도록
구름을 잡아 두고 싶습니다

어머니 눈물

서쪽 하늘 해는 저물어
석양마저 희미해져 가고
담장에 기댄
나팔꽃 지친 듯 고개 숙일 때

앞마당에 놓인
평상에 걸터앉아
떠나는 자식들을 바라보며
눈물 훔치시던 어머니

해는 저물어 가는데
떠나가는 자식들로
메인 가슴 달래려 애써 불러 보는
깊은 한숨 노래 한 구절

영영 떠나는 것도 아닌데
내 마음이 아픈 것은
어머니를 떠나올 때
마음을 두고 오지 못한 아쉬움 때문

가을밤

황금빛 물결로
수놓은 들녘 위로
붉게 익어 가는 가을

겨울로 가기에는
아직 더 그릴 것이 남았는지
가을바람이 붓질을 서두르고

늦가을밤 외로움이
가슴골 따라 타올라
달빛으로 달래 보려 하지만

하늘이 높고 깊어서
다가갈 수 없으니
인생이란 달빛 아래 그림자로구나

마지막 이별

다시 돌아올 수 없는
긴 여정의 출발선에서
검은 그림자 하나
긴 여로를 막을 즈음에

돌아오지 못할 선을
넘나드는 모습에
오랫동안 맺어 온
인연의 허무함을 느낍니다

아쉬움이 슬픔으로
슬픔이 그리움으로 변해갈 때
더 이상 잡을 수도 없이
멀어져 가는 야속한 당신

가보지도 못한 먼 길
홀로 떠나는 당신을

보내고 싶지 않은데

왜 떠나가려 하시는지

영영 돌아오지 못할 운명

조금이라도 더 잡아두고 싶은데

야속하게도 그대와 함께할 남은 시간은

왜 이리 빨리 흘러가는지

내 사랑

울타리에

걸터앉은

나팔꽃 한 송이

꽃잎으로

가을을 물고 와

담장 아래

외로이 서 있는

단풍나무

뽀얀 속살에

뿌리면

참다못해

토해 내는

오색 단풍잎처럼

그대 마음도

내 사랑으로 물들어 갔으면

가을 밤바다

풍운의 푸른 꿈을
가슴에 품고
숨 가쁘게 출렁이다
노을에 타들어가는 밤바다는
고생하신 아버지의 숨결 같고

삶의 고통으로
몸을 휘감으며
다가오는 파도의 아픔을
어루만져 주는 모래밭은
그리운 어머니의 손길 같으며

겹겹이 밀려오는 물결이
바위에 부딪혀
하얀 거품으로 부서지며
돌아가는 파도는
자식을 떠나보내는 엄마의 눈물 같구나

가을 꽃잎

허허벌판에 홀로 서 있는
이름 모를 들꽃 한 송이
기다림의 길목에서
바람에 흔들릴지라도
그대 바라볼 수 있다면
나 들꽃이어라

어둠 타고 내린 이슬 한 방울
이별이 두려워 풀잎 부여잡고
밤새 애원하다
바람결에 떨어질지라도
그대 일어설 수 있다면
나 이슬이어라

삶의 마지막 여정에
외로운 꽃잎 하나
빗물에 온몸 부서질지라도

그대 닮은 사랑스런 열매 하나

내 가슴에 남길 수 있다면

나 꽃잎이어라

커피 잔 속 그대

유리창에 흘러내리는
빗방울 속에
그대 모습이 비칩니다
바람에 마르기 전에
내 눈망울에 얼른
담아 두고 싶습니다

풀잎 끝에 맺힌
이슬방울에
그대 사랑이 보입니다
아침 햇살이
훔쳐 가기 전에
내 마음에 옮겨 두고 싶습니다

책상 위에 놓인
커피 잔 속에
그대 따뜻함이 느껴집니다

찬바람에 식기 전에

커피 향기로

그리움을 달래고 싶습니다

블랙홀

마음 깊이 묻어둔 그리움이

너를 만나

피어난 예쁜 꽃 한 송이

보면 볼수록

블랙홀 같은

너의 매력에 파묻혀

내 모습은 타 버리고

온통 너의 그리움만

남아 있구나

산 사랑

아침 햇살이
창문 틈으로
손 내밀어 잠을 깨우고
흐릿한 산 그림자
손짓하며 오라 하여

주섬주섬 옷 하나
걸치고 산으로 향하는데
잎새와 꽃잎들이
서로 손잡고
미소로 맞아 주니

그 미소 따사로워
수풀 사이로 온몸 묻으니
내 몸속으로
초록 향기 스며들어
나도 산이 되었네

가을이 오면

가을이 오면
물들어 가는
고운 마음으로
당신을
그리워하겠습니다

가을이 오면
영롱한 이슬처럼
반짝이는 가슴으로
당신에게
다가가겠습니다

가을이 오면
깊은 믿음으로
당신을
좋아한다고
말하겠습니다

가을이 오면

더 넓고 깊은

사랑으로

둘이 함께

익어가겠습니다

해후

준비 없이
바람 따라 갑자기
날아온 이별 소식
잘 떠나가오
이별이라는 말을
하고 싶지 않소

당신을 보내기엔
아직 미련이 남아
길을 가다 우연히
마주치면 남겨둔 미련
불씨 삼아
그대를 기억하고 싶소

낙엽이 떨어지니
발신 없이 날라 온
이별 소식

편안히 가오
눈물은 흘리고
싶지 않소

짧은 시간이라도
깊은 인연이었기에
다시 만나는 날
아껴 둔 눈물로
상처를 지우며
사랑했다고 말하고 싶소

가을을 보내며

참 아름다웠는데
낙엽이 바람에 날려 가네요
낙엽에게 하고 싶은 말이
남아 있는데

참 좋았는데
가을이 저만치 멀어져 가네요
가을에 만들어야 할 추억이
많이 남아 있는데

참 잊을 수 없는데
단풍 색이 찬바람에 바래가네요
단풍잎에 새겨놓은 그리운 사연을
아직 전하지 못했는데

겨울

커피 한 잔

차가운 날씨
너의 모습 그리다
창가에 기대어
커피 한 잔을 마신다

당신을 생각하다
커피 잔에
각설탕을 넣는 것을 잊었는데
커피가 너무 달콤하다

내 마음에 새겨 둔
당신 향한
달달한 그리움이
커피 잔에 녹아 있었나 보다

하루

잔별들이 뒷걸음질하며
경쟁하듯 사라지면
찬바람을 가르며
일터로 달려가고

나뭇가지 바쁘게
어둠을 털어내면
미간에 흐르는 땀방울이
하루 시작을 말해 주며

저녁 바람이
땀방울을 훔쳐 가면
턱밑에 마른 염분이
하루 끝을 알려 주네

가로등

산골짜기 사이로

둥근 달이 머리 내밀면

화단에 외로이 서서

그림자 하나 등에 업고

말없이 지나갈 그대를 기다릴래요

나뭇가지 사이로

별빛이 고개 내밀면

길가에 쓸쓸히 앉아

작은 불꽃 하나 입에 물고

조용히 그대 오기를 기도할래요

별빛을 밟고

지나가는 달빛

구름에 가리어도

그대 그림자 지워지지 않도록

마음을 태워서라도 비추어 드릴게요

기다리다 지치고

그리워하다 잠들어

아침이 오면 조용히 일어나

지난밤 그대 모습 예쁘게 접어

가로등 불 속에 담아 둘래요

비움

가슴을 열고
마음을 비우세요
기세등등한 산봉우리도
하늘을 넘지 못하듯
목숨 걸고 올라가도
끝은 하늘 아래 아니겠소

바람 같은 자존심은
바다에 던지세요
시시비비 가리려
핏대 세우던 싸움도
입장을 바꿔보면
허무함만 남지 않소

과거를 잊고

미래만 생각하세요

지독한 불행도

세월 지나면 묻혀지듯

인생이란

한 조각 구름 아니겠소

첫눈

첫눈이 내리니
나도 몰래 두 눈이
창밖을 바라보고 있네
하얀 눈 속에
그대 모습 보일 것 같아

첫눈이 내리니
무심코 내 손이
창문을 열고 있네
하얀 눈꽃 손에 들고
그대 기다리고 있을 것 같아

첫눈이 내리니
조용히 눈을 감고
눈 위를 걸어가고 있네
발자국 끝까지 가다 보면
그대 만날 수 있을 것 같아

내 마음속 눈꽃

눈이 내려
푸른 솔잎 위에
하얀 꽃이 피었다

솔잎 끝이
하얀 눈꽃을
품어 주는 모습이 부러워

빈 잔 손에 들고
솔잎을 바라보며
그리움을 채워 마시니

몸속으로 사르르
녹아드는 사랑이
눈앞에 그대 모습을 그려 낸다

눈 내리는 날

보고 싶었던 흰 눈으로
점 하나를 그렸습니다
애틋하게 바라보는
당신의 눈망울이 되었습니다

설레는 흰 눈으로
선 하나를 그렸습니다
사랑을 속삭이는
당신의 예쁜 입술이 되었습니다

기다리던 흰 눈으로
원 하나를 그렸습니다
애타게 보고 싶은
당신의 얼굴이 되었습니다

하얗게 내리는 눈에 마음을 담아
원 안에 점과 선을 그렸습니다
당신을 위한
간절한 그리움이 되었습니다

그리움

그대가 보고 싶어
입술 깨물고
하늘만 쳐다보다
그대 닮은 별이 있어
별빛 따라
선을 그어봅니다

햇살이 어둠을 삼켜
별빛 사라져도
내 사랑 잊지 않고
고이 간직하고 싶어
다시 만날 그날까지
그은 선을 지우지 않을 겁니다

작은 행복

효성으로 가꾼 꽃잎에는
영롱한 사랑의 향기가 숨쉬고

준엄한 시련을 겪은 열매에는
영원한 믿음과 소망이 꿈틀거리니

현실 속에 숨어 있는 작은 행복에
수줍어 타는 미소가 아름답구나

초승달

구름이 달을
갉아먹으니
어둠이 짙어가고

그리움이 내 마음을
갉아먹으니
사랑이 깊어 가네

희미한 초승달은
구름 사이로 보일 듯 말 듯
애간장을 태우니

내 사랑 당신은
사랑 가시 되어
내 가슴을 구석구석 찌르는구나

눈부처

밤새워 기다려
이른 아침
해 품는 달처럼
내 삶에 소중한 만남
이루어지게 하시고

별빛이 다가와
유리창을
들여다보듯
그대 향한 호기심
가득하게 하시며

달빛이 내려와
호수 속에서 빛나듯
아름다운 그대 모습
내 그리운 눈부처로
남아 있게 하소서

눈꽃

눈이 내립니다
눈꽃이 그리움에
몸부림치다
창문에 부딪혀
눈물로 흘러내립니다

눈 내리는 날에는
창문 옆 탁자 위에
빈잔 두 개 놓고
하나는 그대 그리움을
하나는 그대 사랑을 따릅니다

채워진 잔을
서로 부딪히고 싶지만
그리움이 엎질러져
사랑이 깨어질까 봐
그렇게 하지 못했습니다

겨울 산행

오솔길 타고
불어오는 갈바람은
봄을 기다리며 쉴 새 없이
낙엽을 들추고

추위에 침묵하던
얼음 아래 시냇물이
살짝 고개 내밀며
반겨주는 겨울 산행

앞산 봉우리는
손 내밀어
빨리 오라고
애타게 손짓하지만

가파른 언덕길은
무정하게 밀어내니
겨울 산행은
숨어 있는 인생길

밤바람

앙상한 나뭇가지에
달빛 드리우면
그리운 마음에
가슴이 아려 오고

칠흑 같은 밤하늘에
별빛 쏟아지면
보고 싶은 마음
참을 수 없어

밤하늘 덮고 잠들어
너의 꿈을 꾸려는데
밤바람은 왜 이리
귀찮게 불어 대는지

설야

하늘에 매달린 구름이
대지를 향해
눈 한 번 깜빡이니

구름 끝에서 눈꽃이
사뿐히 내려와
대지를 하얗게 수놓고

눈꽃이 정성스럽게
흩어진 대지를
한 땀 한 땀 꿰매니

삭막한 대지에
하얀 웃음꽃이
소복소복 피어나네

술 한잔

겨울비가 내리네
친구야
막걸리 한잔하게나
내 마음에 담긴
이름은
너 하나뿐이네

노을이 저물어 가네
친구야
인생 한잔하게나
괴로움만 남은
빈 잔이라도 부딪혀 줄 사람은
너 하나뿐이라네

슬픈 낙엽

긴 밤 기다림에
얼마나 속을 태웠기에
곱던 피부 붉게 멍들었나

깊은 밤 외로움에
얼마나 슬퍼했기에
군데군데 눈물 맺혔나

버티다 지쳐 뛰어내리는
네 모습이 너무 애처로워
잡아달라는 말을 못했네

그리운 어머니

앙상한 나뭇가지에서 빗물 떨어질 때면
길 떠나는 아들의 그림자를 붙잡고
몰래 눈물을 훔치시던
어머니의 모습이 보입니다

그 모습 가두려 눈을 감습니다
쏟아지는 눈물 속에
더욱 선명해져 가는 어머니를
더 이상 놓을 수가 없습니다

석양과 마주 앉은 보름달을 볼 때면
깊은 밤 촛불 앞에 무릎을 꿇고
자식 위해 기도하던
어머니의 간절함이 느껴집니다

그 느낌 간직하려 가슴을 닫습니다
밤이 깊어갈수록
더욱 밝아지는 별빛 같은 어머니를
이제는 보낼 수가 없습니다

그리운 어머니 2

밤하늘에 어머니 마음을 그려 봅니다
엄동설한 긴긴밤을
자식 걱정으로 채우시던 그 하늘을
이제는 이 못난 자식이
그리움으로 채웁니다

그리워할수록 가슴 시리고
부를수록 목이 메지만
어머니가 그곳으로 오실 것 같아서
오늘도 어둠이 질 때면
북녘 하늘을 바라봅니다

너무나 보고 싶고
너무나도 그리워서
한참을 바라보다
눈물만 남기고 돌아섭니다
바칠 것이 눈물밖에 없습니다

술잔

희미한 달빛 아래
술상에 마주 앉아

소중한 추억들을
술잔에 담아 두고

즐거운 마음으로
술잔을 기울여도

술잔에 비친 그대
떠날까 두려워서

술잔은 못 비우고
한숨만 들이키네

소박한 삶

살다가
욕심이 생길 때
바람에
잎새를 다 내어주고도
즐겁게 어깨춤 추는
겨울 나뭇가지가
되고 싶다

살다가
슬픔이 생길 때
가슴을 후벼 파는
빗방울을
다 받아주면서도
흥얼거리며 흘러가는
강물이 되고 싶다

살다가

넘어질 때

절벽에 부딪혀

산산조각 부서지고도

아무 일 없었던 것처럼

유유히 돌아가는

파도가 되고 싶다

제야의 종소리

아쉬움을 짊어지고
힘겹게 넘어가는
초침 소리에
한 해의 마지막 페이지는 넘어가고

새해 희망을 부르는
제야의 종소리가
어둠을 타고 와 심장을 두드리니
가슴에 뜨거운 불덩어리 하나 피어나네

붉은 태양을 토해 낼
준비를 하는
수평선 끝자락을 바라보며
새롭게 시작된 시점에

허공에 날리는 쓸쓸함과
앙상한 나뭇가지를 에워싼

눈꽃의 그리움으로

한순간이 세월 속에 묻혀가네

생각하면 할수록

바람에 구름 사라지듯

아쉬움만 남기고 가 버린

무심한 한 해의 마지막 자락에서

제야의 종소리는

만선의 꿈을 소망하는

뱃고동 소리처럼

새로운 희망을 안겨주네

달무리

동쪽 하늘
떠오르는 햇살이
호수 속으로
녹아드니

호숫가로 넘쳐흐르는
그대 그리움이
물안개 되어
가슴 아프게 하고

서쪽 하늘
지는 노을이
어두운 하늘을
물들이니

구름 품에
안긴 달무리
그대 사랑
그립게 하네

부둣가

방파제 끝자락에
외로이 서 있는 등대
기다림에 지쳐
침묵으로 먼 하늘만 바라보고

바닷가 파도는
돌아가는 길이 외로운 듯
모래밭에 기대어
소리 내어 우는데

하늘을 나르는
갈매기 떼
만선의 기쁨을 전하려
다투어 날아드니

땅끝 마을 부둣가는
보내는 슬픔과
만나는 기쁨이 어우러진
인생 정거장

비움과 채움

잎새 보내지 않았던들
새싹 피우지 못하듯
번뇌 비우지 못한다면
행복을 얻을 수 없겠지

비워야 채울 수 있는
진리를 깨우치려
그렇게도 오래 기다렸네

어둠이 없었던들
별빛이 아름답지 못하듯
인생에 실패가 없다면
성공은 달달하지 않겠지

비우고 채우는 것이
험한 인생길을
맛나게 하는 양념인 것을

밤바다

짙은 어둠 속에서
삶의 고통을 뿌리치러
외치는 목메인 함성으로
이리저리 몸을 휘감으며

다가오는 밤 파도를
부드럽게 어루만지며
달래 주는 모래밭은
어머니의 손길 같고

푸른 바지에
하얀 저고리 걸치고
줄줄이 손잡고
몰래 바람에 밀려와

바닷가 모래 위에
남겨 놓은 젖은 물은
자식 위해 고생하신
어머니의 눈물 같구나

시냇물

풀잎으로 노를 저으며
흘러가는 시냇물 소리는
음표 없이 자아내는
청아한 교향곡 같고

나뭇가지 짊어 매고
바위틈을 스치며
지나가는 물살은
열두 줄 가야금 같구나

지루한 여정에
답답함을 참지 못해
절벽에 몸을 던져
바위에 부딪히는 물소리는

다음 곡조로 넘어가지 못하고
한 맺힌 여인의 손끝에서
반복해서 튕겨지는
슬픈 거문고 소리 같구나

산

산허리 휘감으며
춤을 추는
구름이 되어 주세요

내 잡지 못해도
품어 주는 너의 손길
느끼고 싶으니

초록빛깔 뿜으며
늘 그 자리에 서 있는
산이 되어 주세요

구름에 잠시 사라져도
바람 불면 그대 모습
다시 볼 수 있으니

어머니

어여쁜 백합처럼
고운 모습으로 피어
나비보다 더 자유롭게
날고 싶었을
어머니

세월 따라
하늘 따라
떠난 줄 알았는데
내 마음속에
여전히 머물고 있네요

주름진 내 얼굴
하얀 내 머리 결에
슬픔과 눈물로
고난의 길을 걸으신
어머니의 잔영이 겹치니

멍울진 상처를

마음으로 삼키며

품 안 자식의 안녕만을 위해

한평생 하늘길을 걸으신

그리운 어머니

기억

따뜻한

커피 한 잔

두고 갈게

커피 잔에

내 모습 비치걸랑

담아 둔 내 그리움

생각해 주게

달콤한

커피 한 잔

두고 갈게

커피 잔에

내 향기 나거든

담아 둔 내 사랑

기억해 주게

하루 사랑

내 하루는
그리움으로 시작되고
사랑으로 저물어간다

생각만으로도
심장이 터질 듯
사랑을 느끼고

속삭임만으로도
내 영혼 오롯이
그대 속으로 빠져드니

내 하루는 이대로 영원히
그대 가슴 속에서
온전한 포로가 된다

하얀 눈꽃

애타게 봄을 기다리는
메마른 풀잎을
가슴으로 감싸 주는
하얀 눈꽃이 예쁘지만

햇살 나면 말없이
떠나보내야 하는
아픔이 두려워
마음으로 품을 수 없고

나뭇가지 추울까
덮어주는 하얀 눈도
봄이 오면
떠나야 하겠지만

잠시 스친 순간을
인연이라 여겨
네가 머문 흔적일랑
남겨 두고 가게나